# L'Examen de Conscience

Tiré du livre de
Rabbi Bahya Ibn Paquda

« Les Devoirs du Cœur »

# Haya Berkowitz

## Dédicace

*Je dédie ce livre à mes petits-enfants, en espérant qu'ils le lieront et apprécieront ses enseignements. J'ose espérer qu'ils pourront ainsi vivre une vie heureuse et satisfaisante.*

## PROLOGUE

Une partie essentielle du livre « **Pour devenir heureux** » est 'l'examen de conscience.' J'ai choisi d'utiliser cet enseignement pour en faire un livre en soi. Cet examen de conscience est essentiel. L'examen de conscience  sert à comprendre **si nos actes sont pour nous ou contre nous.** David nous exhorte « **à *ne pas être comme le cheval ou le mulet prives de sens.* »**[1]

L'examen de conscience régulier, dit l'auteur, au rythme de chaque respiration nous permettra de vivre sans tremblement et confusion, une vie remplie de sagesse : « *Et qu'en chaque instant tes parures soient immaculées,* » nous dit l'Ecclésiaste.

Cet examen de conscience, est une des voies à suivre pour arriver à recevoir une invasion de bienfaits divins ? Les bienfaits divins ne sont pas gratuits. Ils nous arrivent

---

[1] Psaume 32

« mesure pour mesure, » disent les écritures. Comme Dieu demande le cœur des hommes, mais aussi le cœur de l'homme vers son prochain, le grand sage Bahya Ibn Paquda va s'attacher à définir 'les devoirs du cœur.' C'est ce qu'a recherché, ce grand Maitre d'Israël, à l'époque du judaïsme médiéval des années 1080.

Bahya Ibn Paquda a donc décidé d'expliquer comment arriver à l'amour dans « LES DEVOIRS DU CŒUR. » Le livre a été écrit en arabe. La traduction française a été faite par André Chouraqui.

On connait peu de choses de l'auteur, à part qu'il était juge dans une cour rabbinique et qu'il a vécu en Espagne, probablement à Saragosse ou Cordoue. Bahya Ibn Paquda est celui des théologiens qui insiste le plus clairement sur l'amour. J'ai donc pensé que l'étude de ce livre était nécessaire à notre époque où nous avons tellement de mal à vivre dans la joie grâce à l'amour.

L'œuvre complète, résumée sous le titre, « **Pour devenir heureux**, »est composée de dix portiques, ou chapitres. Chacun de ces chapitres nous aide à connaitre notre Créateur, à l'aimer, et à aimer notre prochain pour recevoir cette invasion de bienfaits divins.

Un chapitre essentiel pour rechercher notre rédemption personnelle est 'L'examen de conscience.'

# L'examen de conscience

L'examen de conscience ou le *hesbon nefesh*

L'examen de conscience sert à comprendre **si nos actes sont pour nous ou contre nous.** David nous exhorte à *ne pas* « **être comme le cheval ou le mulet prives de sens.** »[2]

L'examen de conscience régulier, et même, dit l'auteur, au rythme de chaque respiration nous permettra de vivre sans tremblement et confusion, une vie remplie de sagesse : « ***Et qu'en chaque instant tes parures soient immaculées,*** »[3] nous dit l'Ecclésiaste.

---

[2] Psaume 32
[3] Ecclésiaste 9 ; 8

Les méthodes de l'examen de conscience sont très nombreuses. L'auteur en examine trente :

1- Est-ce que vous rendez grâce à Dieu pour la dignité de la personne, sa supériorité sur les animaux, les végétaux et les minéraux, qu'il vous a donnée ?

**2-** L'homme doit remercier son Créateur pour son corps :[4]

*« Car c'est toi qui as façonné mes reins, tu m'as pétri dans le sein de ma mère. Je te rends grâce de m'avoir si merveilleusement distingué; tes œuvres sont prodigieuses, mon âme le sait parfaitement. Mon être n'échappa point à tes regards, quand je fus formé dans le mystère, artistement organisé dans les profondeurs de la terre. »*

---

[4] Psaume 139

3- A-t-on remercié et glorifié Dieu de nous avoir donné la possibilité de raisonner et de discerner, qu'Il n'a pas donné aux animaux :

*« Il est beau de rendre grâce à l'Eternel, de chanter en l'honneur de ton nom, ô Dieu suprême, d'annoncer, dès le matin, ta bonté, et ta bienveillance pendant les nuits, avec la lyre à dix cordes et le luth, aux sons harmonieux de la harpe. Car tu me combles de joie, ô Eternel, par tes hauts faits; je veux célébrer les œuvres de tes mains. »*[5]

4- A-t-on remercié et glorifié Dieu pour nous avoir donné sa Loi qui nous permet de vivre bien dans ce monde et dans son autre univers :

*« Je me souviens de ton nom pendant la nuit, Seigneur, et j'observe ta Loi. C'est là mon bonheur à moi, de m'attacher à tes préceptes. "C'est mon lot à moi, ô Eternel, me suis-je dit, d'observer tes paroles." Je t'implore de tout mon cœur, sois-moi propice, selon ta promesse. J'ai médité sur mes voies, et ramené mes pas vers tes statuts. Je me suis*

---

[5] Psaume 92

*empressé, sans perdre un moment, d'observer tes commandements. »* [6]

5- Est-ce que je me contente d'une connaissance superficielle de la parole de Dieu en négligent sa profondeur qui est source de salut et de vie ?

6- Reconnaitre que tout est soumis à la volonté de Dieu. Est-ce que nous disons : Tout dans l'univers est soumis à ta volonté ? Tout ira bien si je me soumets à Dieu, mais si je vais contre Lui, tout ira contre moi. On lit :

*« Si vous vous conduisez selon mes lois, si vous gardez mes préceptes et les exécutez, je vous donnerai les pluies en leur saison, et la terre livrera son produit, et l'arbre du champ donnera son fruit. Le battage de vos grains se prolongera jusqu'à la vendange, et la vendange durera jusqu'aux semailles; vous aurez du pain à manger en abondance, et vous demeurerez en sécurité dans votre pays. Je ferai régner la paix dans ce pays, et nul n'y troublera votre repos; je ferai disparaître du pays les animaux nuisibles, et le glaive ne traversera point votre*

---

[6] Psaume 119 ; 60

*territoire. Vous poursuivrez vos ennemis, et ils succomberont sous votre glaive. Cinq d'entre vous en poursuivront une centaine, et cent d'entre vous une myriade; et vos ennemis tomberont devant votre glaive. »*[7]

**7-** Est-ce que je comprends ce que Dieu veut de moi ? Lorsque l'homme comprend la bonté et les vérités d'Hashem, ses désirs et ses interdits, il ressent alors que son aveuglement se dissipe et il ressent le besoin de glorifier son Maitre. Devant Dieu, les hommes se distinguent seulement par leur élévation spirituelle, la proximité qu'ils ont avec Dieu, et leur soumission devant Lui. Il est difficile pour nos esprits rebelles de se sentir esclave, c'est pourquoi David s'écrie dans le:

*« Je suis ton serviteur, mais donne-moi la sagacité, pour que je comprenne tes vérités. »*

8- L'examen de conscience porte aussi sur le devoir d'unifier son cœur en confessant avec sincérité l'Unité de Dieu. c'est-à-dire, comme nous l'avons déjà vu auparavant, confesser que

---

[7] Lévitique 26 ; 3

Dieu est le Un absolu, qu'il n'a ni forme ni ressemblance, point de début et point de fin, qu'il n'existe aucun Créateur en dehors de Lui. L'unité du cœur est d'avoir pour unique intention religieuse la gloire de son Nom, et non l'amour des louanges humaines, et écoutez bien cela, c'est très important aujourd'hui. L'auteur écrit : l'unité du cœur, c'est aussi d'être sans espoir et sans crainte devant le monde. Toutes les créatures dépendent de Dieu. De plus, il ne faut rien attendre de Dieu :

*« **Ne soyez pas comme des esclaves qui servent le Maitre pour recevoir un salaire.** »*

9- Les injonctions divines se répartissent en trois groupes :

**1-** Unir son cœur à Dieu

Ou bien, on doit accepter l'unité de Dieu, se soumettre à Lui, s'abandonner à Lui, faire son examen de conscience, comprendre l'importance de l'humilité, etc. Pour cela, il est indispensable de balayer de soi toute pensée humaine, tout souci mondain pour unir son cœur à Dieu. Voilà ce que dit le prophète Amos rappelant la catastrophe de Sodome et Gomorrhe:

*« Vous étiez comme un tison arraché du feu, et pourtant vous n'êtes pas revenus à moi, dit l'Eternel! Eh bien! Voici comment j'agirai avec toi, Israël et puisque je veux te traiter de la sorte, prépare-toi, ô Israël, à te présenter à ton Dieu. Car c'est lui qui a formé les montagnes et créé le vent; c'est lui qui révèle à l'homme sa propre pensée, qui change l'aurore en ténèbres, qui marche sur les hauteurs de la terre. Eternel, Dieu-Cebaot, tel est son nom. »*[8]

2- Le cœur et le corps unis

Les devoirs ou le cœur et le corps doivent s'unir en un même acte. C'est à dire

---

[8] Amos 4 ; 12-13

dans la prière ou le corps bouge, dans l'étude de la Torah, la louange et la glorification de Dieu ou la parole est utilisée, ainsi que le mouvement. Et bien sûr, l'intention du cœur doit être présente. Dans la prière nous disons :

***« Que les paroles de ma bouche et les méditations de mon cœur, te soient agréables Seigneur. Et encore :*** *que l'homme se mesure. S'il peut concentrer son cœur, qu'il prie. Sinon, qu'il ne prie pas.* **»**[9].

Et ne fais pas de la prière une tache fixe, mais une effusion de ton cœur devant le Très-Haut.

3- Le corps doit agir

Les devoirs ou le corps doit agir. C'est-à-dire, la construction des cabanes de *Souccoth*, l'usage de bouquets de palmes, mettre des franges aux coins de ses vêtements, mettre des *mezouzotes* aux portes, observer des Shabbat et fêtes, pratiquer la *tsedaka* etc. :

---

[9] Talmud Berachot 30b et 28a

*« Et bien sûr, l'intention du cœur doit être présente. Accomplir ta volonté, mon Dieu, tel est mon désir; ta loi a pénétré jusqu'au fond de mes entrailles Je me suis empressé, sans perdre un moment, d'observer tes commandements. »*[10]

Le Ramhal enseigne que Dieu a décrété que les créatures traversent des périodes différentes pour leur état d'existence. Toutes ces périodes dépendent de la parole de Dieu et suivent les lois de l'existence que Dieu a établi pour les créatures, ceci est écrit dans 'Les voies de la Providence divine,' mais La joie est une obligation, enseigne Rabbi Nachman de Breslev, et il ajoute que la joie c'est la guérison, c'est le succès de l'humain ; c'est un commandement qui englobe tous les commandements. Pourtant ce n'est pas facile d'acquérir cette joie, car nous nous sentons punis et désespérés. Même David a passé une telle période voici ce qu'il disait :

---

[10] Psaume 119;60-61

*« Mon cœur est flétri, desséché comme l'herbe, car j'ai oublié de manger mon pain. A force de pousser des gémissements, mes os sont collés à ma chair. Je ressemble au pélican du désert, je suis devenu pareil au hibou des ruines. Je souffre d'insomnie, et suis comme un passereau solitaire sur le toit. Car j'ai mangé des cendres comme du pain; à mon breuvage j'ai mêlé mes larmes, à cause de ta colère et de ton irritation, puisque tu m'as soulevé et lancé au loin. Mes jours sont comme une ombre qui s'allonge, et moi, comme l'herbe, je me dessèche. Mais toi, Eternel, tu trônes à jamais, et ton nom dure de génération en génération. Tu te lèveras, tu prendras Sion en pitié, car il est temps de lui faire grâce: l'heure est venue! Car tes serviteurs*

*affectionnent ses pierres, et ils chérissent jusqu'à sa poussière. Alors les peuples révéreront le nom de l'Eternel, tous les rois de la terre ta gloire. Car l'Eternel rebâtit Sion, il s'y manifeste dans sa majesté. Il se tourne vers la prière du pauvre dénudé, il ne dédaigne pas ses invocations. »11*

Nous comprenons donc pourquoi la joie est de la puissance pure.

La joie porte en elle l'optimisme et l'entrain, et crée le désir qui pousse l'homme à entreprendre et à agir. La joie donne des ailes. En effet, quand on sait accepter ce qui nous arrive, et en tirer les leçons, on est calme à l'intérieur comme à l'extérieur de soi-même et bien dans sa peau ; on est assertif/ve, on ose entreprendre, et surtout aller vers les autres. Il faut donc garder sa confiance en Dieu

---

[11] Psaume 102 : 19

10- Si nous avions une audience chez un roi, un ministre ou un grand, irions-nous sans se vêtir de beaux habits pour l'honorer et ne pas avoir honte de nous-même ? Accomplirions-nous un acte blâmable si quelqu'un nous suivait des yeux ? Eh bien, notre Créateur nous suit des yeux.

*« L'insensé a dit en son cœur que personne ne le regarde : "Il n'est point de Dieu!" On est corrompu, on commet des actes odieux, personne ne fait le bien. L'Eternel, du haut du ciel, regarde les hommes, pour voir s'il en est de bien inspirés, recherchant Dieu. »[12]*

**11-** Que l'homme médite sur son passé. A-t-il préféré Dieu ou ses passions ? Le businessman ne contrôle-t-il pas régulièrement ses affaires sur ses livres de comptes, pour voir ses dépenses et ses rentrées ? Ainsi, nous devons régulièrement analyser notre soumission devant Dieu. C'est le devoir le plus urgent. Ne te laisse pas arriver à la faillite sans t'en être rendu compte. David nous enjoint :

---

[12] Psaume 14

*« Ne soyez pas comme le cheval, comme le mulet, auxquels manque l'intelligence, qu'il faut retenir par les rênes et le mors, pour qu'ils ne s'approchent pas de toi. »*[13]

Et Le prophète Osée s'écrie :

*« Des étrangers dévorent sa force, sans qu'il s'en aperçoive, la décrépitude l'a atteint sans qu'il s'en doute. »*

**12-** Lorsque le cœur s'agite, toute la sagacité de l'homme et son intelligence sont au service du monde. L'homme n'aime que celui qui l'aide ou le soutient dans ses ambitions. Il ne prend pas conscience de la déficience de ce qu'il poursuit avec acharnement :

*« Ne te tourmente pas pour t'enrichir. Pense à ton corps, ce compagnon passager de ton destin, qui se fatigue tant pour arriver à ses fins. »*[14]

La souffrance lui semble organiquement liée, écrit l'auteur. Sa santé, sa maladie, sa vie et sa mort ne dépendent en rien de nous et

---

[13] Psaume 32
[14] Proverbe 23,

échappent à notre pouvoir. Tout est entre les mains de Dieu. On lit :

*« Jacob prononça un vœu en ces termes: "Si le Seigneur est avec moi, s'il me protège dans la voie où je marche, s'il me donne du pain à manger et des vêtements pour me couvrir; [21] si je retourne en paix à la maison paternelle, alors le Seigneur aura été un Dieu pour moi. »*[15] Quel était le but de Jacob ? Se marier avec une *tsadeket*, une femme remplie de qualités de cœur, construire sa famille, vivre en paix et selon les voies de Dieu :

*«Heureux qui a rencontré une femme vaillante! Elle est infiniment plus précieuse que les perles. [11] En elle le cœur de son époux a toute confiance. »*[16] Il ne recherchait pas la fortune.

Paroles d'Agour, fils de Yakéh :

*« Je te demande deux choses; ne me les refuse pas avant que je meure! Eloigne de moi la fausseté et la parole mensongère, ne me donne ni pauvreté ni richesse; accorde-moi la part de nourriture qui m'est indispensable; car, vivant dans l'abondance, je pourrais te renier en disant: "Qui est*

---

[15] Genèse 23
[16] Proverbe 30

*l'Eternel?" ou bien, poussé par la misère, je pourrais voler et offenser le nom de mon Dieu. »[17]*

13- Imaginez un esclave à qui le maitre a donné un champ pour l'ensemencer. L'esclave sème sur une partie de la terre et utilise l'autre partie pour ses besoins personnels. Le maitre demandera bien sur des comptes à l'esclave. Qu'as-tu fais de ce don ? As-tu proportionné tes efforts à ton savoir ? Saches, écrit l'auteur que tu seras examiné pour toutes ces choses, et mené au jugement, et jugé selon tes œuvres. Garde-toi de te donner des prétextes ou des excuses.

*« Surtout souviens-toi de ton Créateur aux jours de ta jeunesse, avant qu'arrivent les mauvais jours et que surviennent les années dont tu diras: "Elles n'ont pas d'agrément pour moi"; avant que s'obscurcissent le soleil et la lumière, la lune et les étoiles, et que les nuages remontent aussitôt après la pluie. »[18]*

---

[17] Proverbes 30 ;7
[18] L'Ecclesiaste 12 ; 1-3

14- Méditons maintenant sur nos amours, nos amitiés, nos sympathies partagées, car il est dit :

*« Comme dans l'eau le visage répond au visage, ainsi chez les hommes les cœurs se répondent. »*[19]

Si nous avons un bienfaiteur qui nous abreuve de bienfaits et de dons désintéressés, rien ne nous détourne alors de l'amour d'un tel bienfaiteur. Si nous agissons ainsi pour une créature de chair et de sang quelle gratitude ne devons-nous pas avoir envers notre Créateur ?

*« Si l'Éternel vous a préférés, vous a distingués, ce n'est pas que vous soyez plus nombreux que les autres peuples, car vous êtes le moindre de tous; c'est parce que l'Éternel vous aime, parce qu'il est fidèle au serment qu'il a fait à vos aïeux. »*[20]

*« Et pourtant, même alors, quand ils se trouveront relégués dans le pays de leurs ennemis, je ne les aurai ni dédaignés ni repoussés au point de les anéantir, de dissoudre mon alliance avec eux; car je suis l'Éternel, leur Dieu! Et je me rappellerai, en leur faveur, le pacte des aïeux, de ceux que*

---

[19] Proverbes 27 ; 19
[20] Deutéronome 7 ; 7

*j'ai fait sortir du pays d'Egypte à la vue des peuples pour être leur Dieu, moi l'Éternel. »[21]*
Les passions de l'homme sont comme une araignée qui tisse sa toile et dissipe la clarté de la raison :

*« Qui endurcit son cœur tombe dans le malheur. Qui respecte la loi est un fils intelligent; mais qui fraye avec les jouisseurs fait la honte de son père. Fermez l'oreille aux leçons de la loi votre prière même devient un acte abominable. »[22]*

**15-** Il est curieux de penser que lorsqu'un homme part pour un grand voyage, il le prépare longtemps à l'avance ; ce qu'il va faire, ce qu'il va emporter avec lui, les provisions de route, etc. il ne connait pourtant pas les secrets divins et le jour de sa mort. Nous tous, nous avons le devoir de nous tenir prêt au quotidien pour notre voyage vers l'Autre-Monde, car il n'y a pas d'autre issue que cette route vers l'ailleurs. Pensons donc, aux provisions nécessaires que nous devons préparer à chaque étape, et soyons sûr qu'au

---

[21] Lévitique 26 ; 44
[22] Proverbe 28

bout du chemin, nous rencontrerons notre Créateur. Ce sera le jour de notre jugement, dont il est dit : *« De nouveau alors vous verrez la différence du juste au méchant, du serviteur de Dieu à celui qui ne l'aura pas servi. [19] Car le voici venir ce jour, brûlant comme une fournaise; impies et ouvriers d'iniquité seront tous comme du chaume, et ce jour qui vient va les consumer, dit l'Eternel-Cebaot, il n'épargnera d'eux ni racine ni rameau. [20] Mais pour vous qui révérez mon nom, se lèvera le soleil d'équité, portant le salut dans ses rayons; et vous paraîtrez, et vous vous ébattrez comme de jeunes taureaux sortant de l'étable. »*[23]

**16-** Que l'homme médite de la longueur de temps qu'il restera sur la terre :

*« En tout temps, la mort frappe. L'homme ressemble au souffle. Ses jours sont comme une ombre qui passe. »*[24]

---

[23] Malachie 3 ; 19.
[24] Psaume 144

*« La pensée du sage se porte vers la maison de deuil, la pensée des fous vers la maison de plaisir. »*

**17-** Au moment où l'homme va se divertir dans la société, sa pensée sera de considérer la plaie des bavardages. On médit, on calomnie, on se vautre dans la honte de chacun. Les Proverbes nous disent :

*« Qui parle beaucoup ne saurait éviter le péché; mettre un frein à ses lèvres, c'est faire preuve d'intelligence. »*

*« Tu donnes libre carrière à ta bouche pour le mal, et ta langue enfile des discours astucieux. Tu t'installes pour déblatérer contre ton frère; sur le fils de ta mère tu jettes le déshonneur. Voilà ce que tu fais avec ta langue, et je me tairais! dit Dieu. »*[25]

L'orgueil, les moqueries, le mépris, les rires ironiques sont également néfastes a la pureté de son âme et éloigne l'homme de Dieu, ainsi que l'hypocrisie, la vanité, et l'amour des

---

[25] Psaume 50

louanges. Le Lévitique nous enjoint de ne pas haïr :

*« Ne hais point ton frère en ton cœur: reprends ton prochain, et tu n'assumeras pas de péché à cause de lui. »*

Nous avons donc l'obligation, en société, d'agir pour le bien et de réagir contre le mal, et d'exhorter notre prochain à ne pas dire de mauvaises choses. Pourtant, il est écrit dans Talmud *Arachim*:

*« Nul, en cette génération, ne sait comment il convient d'exhorter son prochain. La solitude protège contre les fautes dont nous venons de parler, elle est le plus puissant levier du bien. »*[26]

**18-** L'homme doit réfléchir à sa petitesse au milieu de l'univers, de sa fragilité, et se rappeler que ses jours sont comptés. Pour cela, il doit s'habiller d'humilité comme nous l'avons dit précédemment, mais

---

[26] Arachim 16b

paradoxalement, il doit se rappeler qu'il règne sur les animaux, les végétaux, et les minéraux.

*« Lorsque je contemple tes cieux, œuvre de ta main, la lune et les étoiles que tu as formées… Qu'est donc l'homme, que tu penses à lui? Le fils d'Adam, que tu le protèges? Pourtant Tu l'as fait presque l'égal des êtres divins; tu l'as couronné de gloire et de magnificence! Tu lui as donné l'empire sur les œuvres de tes mains, et mis tout à ses pieds: brebis et taureaux, tous ensemble, et aussi les bêtes des champs, oiseaux du ciel et poissons de la mer, ce qui parcourt les routes des océans. Eternel, notre Seigneur! Que ton nom est glorieux par toute la terre! »*[27]

De plus, c'est à l'homme que Dieu a révélé sa Loi, il l'a grandi encore en lui donnant la parole, le chant et la louange ; Il lui a donné la prière au temps de l'angoisse, la possibilité d'être exaucé au comble de la détresse, l'élection, et une mission matérielle et spirituelle dans ce monde. Pourtant sommes-nous restés humbles ? David nous dit :

---

[27] Psaume 8

*« Seigneur, mon cœur n'est pas gonflé d'orgueil, mes yeux ne sont pas altiers. Je ne recherche point de choses trop élevées pour moi, au-dessus de ma portée. »* [28]

**19-** L'homme sensé doit méditer et réfléchir aux malheurs qui l'épargnent bien qu'il ait mérité d'être mis à l'épreuve, comme d'autres subissent l'épreuve et en souffrent. Sa gratitude doit éclater envers son Créateur. Il doit faire pénitence, parce que le Créateur a laissé ses péchés impunis. Dans Talmud *Berachot*, il est dit :

*« Ce n'est pas l'âne sauvage qui tue, mais le péché seul. »* [29]

Par extension, l'âne sauvage se rapporte à n'importe quel malheur qui nous tombe dessus. C'est simplement le péché qui apporte le malheur. Mais il est également écrit, dans le cas où nous nous attachons à Dieu:

*« Celui qui demeure sous la sauvegarde du Très-Haut, et s'abrite à l'ombre du Tout-Puissant, qu'il dise à l'Eternel: "Tu es mon*

---

[28] Psaume 131
[29] Talmud Berachot 33a

*refuge, ma citadelle, mon Dieu, en qui je place ma confiance!" Car c'est lui qui te préserve du piège de l'oiseleur, de la peste meurtrière. Il te recouvre de ses vastes pennes; sous ses ailes tu trouves un refuge: sa bonté est un bouclier et une cuirasse. Tu n'auras à craindre ni les terreurs de la nuit, ni les flèches qui voltigent le jour, ni la peste qui chemine dans l'ombre, ni l'épidémie qui exerce ses ravages en plein midi. Qu'à tes côtés il en tombe mille, dix mille à ta droite: toi, le mal ne t'atteindra point. Tu le verras seulement de tes yeux, tu seras témoin de la rémunération des méchants. C'est que [tu as dit]: "L'Eternel est mon refuge!" Dans le Très-Haut tu as placé ton abri. Nul malheur ne te surviendra, nul fléau n'approchera de ta tente; car à ses anges il a donné mission de te protéger en toutes tes voies. Sur leurs bras ils te porteront, pour que ton pied ne se heurte à aucune pierre. Tu marcheras sur le chacal et la vipère, tu fouleras le lionceau et le serpent. "Car [dit le Seigneur] il m'est attaché, et je veux le sauver du danger; je veux le grandir, parce qu'il connaît mon nom. Il m'appelle et je lui réponds; je suis avec lui dans la détresse, je le délivre et le comble d'honneur.*

*Je le rassasie de longs jours, et le fais jouir de mon salut.* »[30]

**20-** L'homme doit penser à l'argent qu'il possède. Comment l'a-t-il acquis ? Comment l'utilise-t-il ? Il doit comprendre qu'il jouira de cet argent tant que Dieu le voudra, puis au temps fixé, un autre en profitera. Cette pensée doit le tranquilliser sur les pertes qui peuvent subvenir. Tant qu'il a l'argent, il doit louer Dieu ; s'il le perd, il doit accepter la sentence, et accepter le décret. Ne méprise aucune pauvreté, et utilise ton argent pour le bien :

« *Honore l'Eternel avec tes biens, avec les prémices de tous tes produits.* »[31]

**21-** Méditons sur la soumission à Dieu qu'il est de notre devoir d'accomplir pour nous y accoutumer et persévérer. Si nous persistons en cela, Dieu nous apportera son aide ; Il nous ouvrira les portes de la connaissance et

---

[30] Psaume 91
[31] Proverbe 3 ; 9

fortifiera notre intelligence et notre corps pour accomplir les commandements. Isaïe nous dit :

*« Je suis l'Eternel, ton Dieu, qui t'instruit pour ton bien, qui te dirige dans la voie que tu dois suivre. Ah! Si seulement tu obéissais à mes ordres, ta prospérité serait comme le fleuve, et ton bonheur comme les flots de la mer; ta postérité serait nombreuse comme le sable, le fruit de tes entrailles comme les galets, et ton nom ne serait ni effacé ni aboli devant moi. »*[32]

L'étude est comme toute étude ; au début difficile, mais avec la persévérance on obtient des résultats. Cependant, pour la sagesse c'est différent :

*« Je me disais: "C'est à la vieillesse de parler, au grand âge d'enseigner la sagesse. Mais celle-ci est chez les hommes une inspiration divine; le souffle du Tout Puissant les rend intelligents. Ce ne sont pas les plus âgés qui sont le plus sages, ni les vieillards qui comprennent ce qui est juste. »*[33]

---

[32] Isaïe 48
[33] Job 32 ; 8

Les devoirs du cœur sont la réalisation de la soumission à Dieu par amour :

« ***Et maintenant, ô Israël! Ce que l'Éternel, ton Dieu, te demande uniquement, c'est de révérer l'Éternel, ton Dieu, de suivre en toutes ses voies, de l'aimer, de le servir de tout ton cœur et de toute ton âme, en observant les préceptes et les lois du Seigneur, que je t'impose aujourd'hui, pour devenir heureux.*** »

Et encore :

« C'est l'Éternel, ton Dieu, que tu dois révérer, c'est lui que tu dois servir; attache-toi à lui seul, ne jure que par son nom… Car cette loi que je t'impose en ce jour, elle n'est ni trop ardue pour toi, ni placée trop loin. Elle n'est pas dans le ciel, pour que tu dises: "Qui montera pour nous au ciel et nous l'ira quérir, et nous la fera entendre afin que nous l'observions?" Elle n'est pas non plus au-delà de l'océan, pour que tu dises: "Qui traversera pour nous l'océan et nous l'ira quérir, et nous la fera entendre afin que nous l'observions?" Non, la chose est tout près de toi: tu l'as dans la bouche et dans le cœur, pour pouvoir l'observer! Vois, je te propose en ce jour, d'un côté, la vie avec le bien, de l'autre, la mort avec le mal. En faisant ce que je te recommande en ce jour: aimer l'Éternel, ton Dieu, marcher dans ses voies, garder ses préceptes, ses lois et ses décrets, tu vivras, tu grandiras et tu seras béni de l'Éternel, ton Dieu, dans le pays où tu vas entrer pour le conquérir. »[34]

**22- « Tu aimeras ton prochain comme toi-même. »**[35] L'homme doit examiner ses rapports avec son prochain. Un groupe d'hommes part en voyage. La route est difficile, ils sont chargés de sacs sur le dos, il y a des bêtes sauvages. S'ils s'entraident fraternellement et mettent leur désir dans le bien-être de tous, leur voyage sera agréable malgré ses difficultés, mais s'ils se disputent et se séparent, le voyage sera épuisant et déprimant. Le monde pèse sur ses habitants, écrit l'auteur, et si l'homme recherche le superflu et plus que ce qui lui est accordé, il veut plus que son héritage divin, il lutte pour l'obtenir et se détache de sa mission de ne pas

---

[34] Deutéronome, chapitres 10 et 30
[35] Lévitique 19 ; 18

se séparer de son groupe. Chacun oublie l'entraide, accable son prochain, détruit ses forces et l'affaiblit pour obtenir plus. Il entre dans une lutte insensée ou personne n'obtient rien, et les dégâts sont démoralisants. C'est pourquoi, efforce-toi, dit l'auteur de mériter des amis fidèles, des compagnons sincères ; qu'ils soient les tuteurs de ta vie religieuse et sociale. Ton cœur étant parfait envers eux. Rappelons-nous de l'amitié entre David et Jonathan : Jonathan fit alliance avec David, parce qu'il l'aimait comme lui-même :

*« Jonathan se dépouilla du manteau qu'il portait et le donna à David, ainsi que ses habits, et jusqu'à son épée, son arc et son ceinturon. »*[36]

Là, je fais une diversion pour parler de l'amitié modèle de David et Jonathan :

*« Et Jonathan dit à David : Va en paix, maintenant que nous avons juré l'un et l'autre, au nom de l'Éternel, en disant : Que l'Éternel soit à jamais entre moi et toi, entre ma postérité et ta postérité ! »*[37]

Jonathan aurait dû être l'héritier du trône de Saül son père, mais Dieu a ôté la royauté à

---

[36] 1 Samuel 18, 1-4
[37] 1 Samuel 20:42

Saül, de la tribu de Benjamin, pour les fautes qu'il a commises, et Il a choisi David, de la tribu de Juda, pour devenir roi à sa place. Jonathan était l'homme de Benjamin qui ne serait pas roi. Il a accepté ce fait puisque étant la volonté de Dieu, sans aucun ressentiment envers David, *"car il l'aimait comme son âme"*[38]

Jonathan a défendu à la cause de son ami devant Saül qui "jeta sa lance contre lui [David] pour le frapper. Jonathan comprit que son père avait décidé de faire mourir David :

*« L'ami aime en tout temps, et dans le malheur il se montre un frère. »*[39]

*« Celui qui a beaucoup [de faux] amis les a pour son malheur, mais il est tel ami plus attaché qu'un frère. »*[40]

Jonathan fit alliance avec la maison de David. David tint sa promesse en aimant le descendant de Jonathan, Mephibosheth, lorsque son ami mourut à la guerre, et que David était devenu roi des années plus tard:

---

[38] 1 Samuel 20:16-17

[39] Proverbes 17:17

[40] Proverbes 18:24

*« Le roi épargna Mephibosheth, fils de Jonathan, fils de Saül, à cause du serment qu'avaient fait entre eux, devant l'Éternel, David et Jonathan, fils de Saül. »*[41]

David et Jonathan sont l'exemple parfait de l'amitié.

**23-** L'homme doit contempler le monde. Il convient de contempler tout ce que Dieu a créé, d'habituel ou d'inaccoutumé, de connu ou d'inconnu. 'N'aies pas la folie de te fermer aux choses que tu contemplais dans ta jeunesse,' dit l'auteur, 'sous prétexte que ta science et ton intelligence se sont développées,' et j'ajouterai que pris par tes soucis et tes problèmes, tu n'as plus la tête à cela. Qui ne s'est jamais écrié : 'Mon Dieu, il est si beau ton monde, mais je suis trop malheureux/se pour en jouir. Je n'y arrive pas !' Je retourne à l'auteur qui dit : 'Frère, en vérité, l'insensé est aveugle.' Voilà le cri du prophète Isaïe :

*« Vous ne savez donc pas! Vous ne comprenez donc pas! Ne vous l'a-t-on pas appris dès l'origine? Ne saisissez-vous pas ce*

---

[41] 2 Samuel 21:7

*qu'enseignent les fondements de la terre? C'est Lui qui siège au-dessus du globe de la terre, dont les habitants sont pour lui comme des sauterelles; c'est Lui qui déroule les cieux comme une tenture, qui les déploie comme un pavillon, pour sa résidence. C'est lui qui réduit les princes à néant, qui fait un rien des arbitres du monde. »*[42]

Comme nous ressentons cela, en ce moment ! Mais retrouvons le plaisir de la contemplation du monde qui affermit notre rapprochement vers notre Créateur, en lisant le merveilleux psaume de David, sur les merveilles de cette création, et méditons sur cela :

*« Bénis, mon âme, l'Eternel! Eternel, mon Dieu, tu es infiniment grand; tu es vêtu de splendeur et de majesté. Tu t'enveloppes de lumière comme d'un manteau, tu déploies les cieux comme une tenture. Sur les eaux tu as posé les voûtes de ta demeure sublime, les nuages te servent de char, tu t'avances sur les ailes du vent. Des vents tu fais tes messagers; des flammes ardentes, tes ministres. Tu as fondé la terre sur ses colonnes d'appui, pour qu'elle ne chancelle jamais. Tu l'as couverte*

---

[42] Isaïe 40

*de flots comme d'un vêtement; sur les montagnes les eaux s'étaient arrêtées. A ton injonction elles s'enfuirent; au bruit de ton tonnerre, elles s'élancèrent éperdues. Des montagnes s'élevèrent, des vallées s'abaissèrent, occupant la place que tu leur avais assignée. Tu leur as fixé des barrières infranchissables, pour les empêcher de submerger à nouveau la terre. Tu fais jaillir des sources dans les vallées, elles poursuivent leur course entre les montagnes. Elles abreuvent toutes les bêtes des champs, les onagres y étanchent leur soif. Sur leurs bords, les oiseaux du ciel font leur demeure; d'entre la feuillée, ils élèvent leur ramage. Du haut de ta résidence tu arroses les montagnes, la terre est nourrie du fruit de tes œuvres. Tu fais croître l'herbe pour les animaux domestiques, des plantes pour l'usage de l'homme, en tirant sa nourriture du sein de la terre: le vin qui réjouit le cœur des mortels, l'huile qui fait resplendir les visages, le pain enfin qui fortifie le cœur de l'homme. Les arbres de l'Eternel sont abondamment pourvus, les cèdres du Liban que sa main a plantés. Là les oiseaux bâtissent leurs nids, la cigogne fait des cyprès sa demeure. Il a fait la lune pour marquer les temps, le soleil connaît le terme de sa course. Tu amènes les ténèbres, et c'est la nuit, la nuit, où circulent tous les hôtes de la forêt. Les lionceaux rugissent après la proie, demandant à Dieu leur pâture. Le soleil commence à poindre, ils se retirent, et vont se blottir dans leurs tanières; l'homme se rend à son labeur, accomplit sa besogne jusqu'au soir. Que tes œuvres sont grandes, ô Seigneur! Toutes, tu les as faites avec sagesse; la terre est remplie de tes créations. Voici le grand océan, aux étendues immenses! Là fourmillent des êtres sans nombre, des bêtes petites et grandes. Là cheminent des navires, ce Léviathan que tu as formé pour s'y ébattre. Tous mettent en toi leur attente, assurés que tu leur donneras leur nourriture en temps voulu. Tu la leur donnes, ils la recueillent; tu ouvres la main, ils sont comblés de biens. Tu dérobes ta face, ils sont dans l'épouvante; tu leur retires le souffle, ils expirent et retombent dans leur poussière. Tu renvoies ton souffle, ils renaissent, et tu renouvelles la face de la terre! Que la gloire de l'Eternel dure à jamais! Que le Seigneur se réjouisse de ses œuvres! Il regarde la terre, et elle vacille, il effleure les montagnes, et elles fument. Je veux chanter l'Eternel ma vie durant, célébrer mon Dieu tant que j'existerai. Puisse mon cantique lui être agréable! Moi, je me délecte en l'Eternel. Que les pécheurs disparaissent de la terre, que les méchants ne soient plus! Mon âme, bénis l'Eternel, Alléluia ! »*[43]

**24-** Qu'un homme s'interroge sur sa connaissance de Dieu. Je rappelle ce qu'a dit David a son fils Salomon, sur son lit de mort :

*« Et toi, Salomon, mon fils, connais le Dieu de ton père, et sers-le d'un cœur dévoué et d'une âme empressée car l'Eternel demande tous les cœurs et pénètre tous les desseins et toutes les pensées. Si tu le cherches, il se laissera trouver par toi; mais si tu l'abandonnes, il te délaissera pour toujours. »*[44]

Il s'agit donc d'étudier la Torah, car la pensée de Dieu et sa volonté sont contenues dedans. De même, dit l'auteur avec la prière et les poèmes liturgiques, pénétrons leurs sens afin

---

[43] Psaume 104
[44] 1 Chroniques 28- 9

de comprendre les mots que nous prononçons devant Dieu. Nous devons de même, étudier les écrits des Anciens et la Tradition pour nous pénétrer de leur richesse :

« *Le sage a ses yeux dans la tête, et le sot chemine dans les ténèbres. Et Je me suis aperçu que la sagesse est supérieure à la folie autant que la lumière est supérieure aux ténèbres.* »[45]

**25-** L'homme doit effacer l'amour de ce monde matériel de son cœur pour y établir a jamais, l'amour du monde à venir. De même que l'eau et le feu ne peuvent coexister dans un même vase, ainsi le croyant ne peut contenir à la fois, l'amour du monde et l'amour de Dieu. 'Ce monde et le monde futur sont comme deux rivales ; fais plaisir à l'une, tu irriteras l'autre,' écrit l'auteur. La prudence nous conseille de fortifier l'âme éternelle plutôt que le corps périssable, cependant, il faut donner au corps ce dont il a besoin. Il faut donner au corps la force nécessaire pour subsister, et à l'âme le maximum de nourriture morale et spirituelle.

---

[45] Ecclésiaste 2, 13-14

'De même, ne va pas trop loin dans la voie des ascètes séparés du monde, n'exagère pas leur règles de peur,' écrit l'auteur.

Dans l'ecclésiaste on lit:

*« Ne sois pas juste à l'excès, ne sois pas sage plus qu'il ne faut; pourquoi t'exposer à la ruine? Ne sois pas trop méchant, évite d'être sot; pourquoi voudrais-tu mourir avant le temps? Tu feras bien de t'attacher à l'une des méthodes sans que ta main lâche l'autre: celui qui craint Dieu se tire d'affaire en toutes choses. »*

Dans l'Ethique des Pères on lit :

*« Garde une juste mesure, bande tes forces en regardant vers l'au-delà mais ne délaisse pas ce monde ou tu dois recueillir la provision nécessaire pour le voyage éternel. Ce monde, au seuil du Monde à venir, ressemble à un vestibule. Prépare-toi dans le vestibule à pénétrer dans le Palais. »*

**26-** Que l'homme médite : s'il était devant un roi, il montrerait crainte et respect. Il aurait peur de ne pas accomplir la volonté du roi et d'être puni. Devant Dieu, il n'a aucune crainte de violer les commandements sacrés :

*« Crains l'Eternel, mon fils, ainsi que le roi: ne te mêle pas aux novateurs; car soudain, le désastre fond sur eux. »*[46]

**27-** Lorsqu'un accident survient à un individu et l'atteint dans son corps, ou ses biens sont touchés, ou ses conditions d'existence, l'homme doit poursuivre son examen de conscience. Il doit se charger du fardeau qu'il a mis sur lui-même, sans murmurer contre le décret de pesanteur et de peine qu'il endure maintenant. Lorsque Dieu cache sa face, le croyant touché espère en Lui. Il met sa foi en Lui, dans son effort de repentir et retour à Dieu. Que ne tombe sur lui la faim, la détresse, les ténèbres, les angoisses, il ne s'irrite pas ni ne maudit son sort :

*« J'ai mis ma confiance en Dieu, qui voile présentement sa face à la maison de Jacob, et j'espère en Lui. »*[47]

---

[46] Proverbes 24 ; 21

Rappelons-nous les dix épreuves par lesquelles a été testé Abraham, et qu'il a acceptées comme venant de Dieu. Là, je fais une parenthèse pour rappeler que dans l'Ethique des Pères, il est écrit que Dieu a testé Abraham avec dix tests. Maimonide les répertorie comme suit:

1. Dieu lui dit de quitter son pays natal pour être un étranger au pays de Canaan.

2. Immédiatement après son arrivée en Terre Promise, il fait face à une famine.

3. Les Égyptiens capturent sa femme bien-aimée, Sarah, et l'amènent à Pharaon.

4. Abraham fait face à des difficultés incroyables dans la bataille des quatre et cinq rois.

5. Il épouse Agar après n'avoir pu avoir d'enfants avec Sarah.

6- Dieu lui demande de se circoncire à un âge avancé

7. Le roi de Guérar capture Sarah, avec l'intention de la prendre pour lui.

8. Dieu lui dit de renvoyer Agar après avoir eu un enfant avec elle.

---

[47] Isaïe 8 ; 17

9. Son fils, Ismaël, se sépare du clan

10. Dieu dit à Abraham de sacrifier son cher fils Isaac sur un autel.

Notez que tous les tests de la liste de Maïmonide se trouvent clairement dans les Écritures. La plupart des autres listes des tests incluent des événements enregistrés dans les contes midrashiques.

Songeons maintenant aux rescapés d'Egypte ayant mérité la menace et les châtiments pour leur refus de soumettre leurs cœurs à Dieu et à son prophète ; et cela bien qu'à plusieurs reprises, ils ont eu conscience de leur rébellion. Recevoir son fardeau avec amour est la plus grande des vertus, mais le faire à contrecœur annule le pardon attaché à la souffrance :

*« **Toutes les voies de l'Eternel sont grâce et bienveillance, pour ceux qui respectent son alliance et ses statuts.** »*[48]

Il faut vouloir ce que Dieu veut, c'est le signe de ton espérance et de ton abandon :

*« **Soyez forts, ayez le cœur ferme, vous tous qui espérez en l'Eternel!** »*[49]

**28-** Lorsque le croyant qui s'en remet à Dieu, expérience un bouleversement dans sa vie, va-

---

[48] Psaumes 25 ; 10
[49] Psaume 31 ; 25

t-il revenir sur sa croyance, sur sa confiance en Dieu. Non, écrit l'auteur, car Dieu est ton Créateur, ton nourricier. Il te conduit vers la félicité, apparente ou secrète, au sein même de ton ignorance. Le prophète Osée dit :

*« Pourtant, c'est moi qui ai dirigé les pas d'Ephraïm. Je les ai pris sur les bras! Mais ils n'ont pas voulu savoir que je leur apportais la guérison. Je les ai menés avec des cordes d'humanité, avec les liens de l'amour; comme quelqu'un qui aurait soulevé le joug sur leurs mâchoires, ainsi ai-je été pour eux: je leur ai présenté de la nourriture. Ils ne devaient pas retourner en Egypte, mais Achour est devenu leur roi, car ils refusaient de s'amender. Aussi le glaive s'abattra-t-il sur leurs villes, il en détruira les principaux habitants, dévorant tout à cause de leurs mauvaises résolutions. Oui, mon peuple se complaît dans sa rébellion contre moi. On a beau les inviter à regarder en haut, ensemble ils refusent de s'élever. »*

**29-** L'homme doit considérer la supériorité de son âme sur son corps ainsi que certains hommes sur d'autres, un seul parfois valant mille :

« *Tu es comme dix mille d'entre nous,* » déclare Israël au roi David, au cours d'une bataille car il était l'oint du Seigneur.[50]

La supériorité physique de la beauté est vaine lorsque l'âme en est absente :

« *Un anneau d'or au groin d'un porc, telle est une belle femme dépourvue de jugement.* »[51],

« *Mensonge que la grâce! Vanité que la beauté! La femme qui craint l'Eternel est seule digne de louanges.* »[52]

Reconnaissant la supériorité de notre âme, nous devons nous mettre en quête de notre salut. Dieu contemple nos choix vers la raison ou la concupiscence. Prenons donc plus soin de notre âme que de notre corps car, dit l'auteur, il est plus facile de soigner la maladie du corps que la passion de l'âme.

---

[50] Samuel 2, chap. 18
[51] Proverbe 11 ; 22
[52] Proverbe 31 ; 30

« **L'esprit de l'homme sait supporter la maladie; mais un esprit abattu, qui le soutiendra?** » [53]

*« Mon fils, sois, attentif à mes paroles, incline l'oreille à mes discours. Qu'ils ne s'écartent pas de tes yeux, conserve-les au fond de ton cœur. Car ils sont un gage de vie pour qui les accueille, un gage de santé pour tout le corps. Plus que tout trésor garde ton cœur, car de là jaillissent des flots de vie. Ecarte de ta bouche toute parole tortueuse, éloigne de tes lèvres tout langage pervers. Que tes yeux regardent bien en face, que tes paupières s'ouvrent droit devant toi. Aplanis avec soin le sentier que foule ton pied, pour pouvoir cheminer en sûreté. Ne dévie ni à droite ni à gauche; éloigne tes pas du mal. »* [54]

**30-** Acceptons notre statut d'étranger dans ce monde ou nous sommes en fait des étrangers :

*« Nulle terre ne sera aliénée irrévocablement, car la terre est à moi, car*

---

[53] Proverbe 18 ; 14 et 4 ; 23
[54] Proverbes  4; 20-27

*vous n'êtes que des étrangers domiciliés chez moi. »*[55]

Ainsi acceptons d'être des étrangers dans ce monde. Connaissons les lois envers les étrangers :

*« Si un étranger vient séjourner avec toi, dans votre pays, ne le molestez point. Il sera pour vous comme un de vos compatriotes, l'étranger qui séjourne avec vous, et tu l'aimeras comme toi-même, car vous avez été étrangers dans le pays d'Egypte je suis l'Éternel votre Dieu. »*[56]

Le monde ne nous appartient pas mais nous avons le devoir de lutter contre le mal et de faire le bien :

*«Et ceux qui auront eu l'intelligence, luiront comme la splendeur du ciel. Ceux qui auront enseigné la justice à la multitude irradieront de l'éclat des étoiles pour l'éternité. »*[57]

---

[55] Lévitique 25 ; 23
[56] Lévitique 19 ; 34
[57] Daniel12 ;3

## RESUME

### L'examen de conscience, le *hesbon nefesh*.

Ceci est afin de comprendre **si nos actes sont pour nous ou contre nous.** David nous exhorte **à** *ne pas être comme le cheval ou le mulet privés de sens.* Les méthodes de l'examen de conscience sont très nombreuses. L'auteur en examine 30.

**1- Est-ce que vous rendez grâce à Dieu pour la supériorité de l'être humain ?**

**2- Est-ce que vous remerciez votre Créateur pour votre corps.**
**3- As-tu remercié et glorifié Dieu de pouvoir raisonner et discerner.**
**4- As-tu remercié et glorifié Dieu pour nous avoir donné sa Loi qui nous permet de vivre bien**

**5- Est-ce que je me contente d'une connaissance superficielle de la parole de Dieu?**

6- Est-ce que je reconnais que tout est soumis à la volonté de Dieu.

7- Est-ce que je comprends ce que Dieu veut de moi ?

8- Est-ce que je confesse avec sincérité l'unité de Dieu ?

9- Est-ce que je comprends l'importance de l'humilité et de la soumission à Dieu ?

10- Accomplirais-je un acte blâmable si quelqu'un me suivait des yeux ?

11- As-tu médité sur ton passé. As-tu préféré Dieu ou tes passions ?

12- As-tu médité sur le fait que la santé, la maladie, la vie et la mort ne dépendent en rien de nous.

13- Qu'as-tu fais de ton don ? As-tu proportionné tes efforts à ton savoir ?

**14- As-tu médité sur tes amours, amitiés, et sympathies, car *le visage répond au visage, et les cœurs se répondent.***

**15- T'es-tu tenu prêt au quotidien pour ton voyage vers l'Autre-Monde ?**

**16- Est-ce que je médite sur la longueur de temps que je resterai sur la terre.**

**17- Au moment où je vais me divertir dans la société, Est-ce que je considère la plaie des bavardages.**

**18 - Est-ce que je réfléchis à ma petitesse au milieu de l'univers, à ma fragilité, et que mes jours sont comptés.**

**19- Est-ce que je médite et réfléchis aux malheurs qui m'épargnent bien que j'ai mérité d'être mis à l'épreuve, comme certains subissent l'épreuve et en souffrent.**

**20- As-tu pensé à l'argent que tu possèdes. Comment l'as-tu acquis ? Comment l'utilises-tu ? Et que tu jouiras de cet argent tant que Dieu le voudra.**

**21-** Est-ce que je médite sur la soumission à Dieu, qu'il est de notre devoir d'accomplir, et cela pour nous accoutumer à cette idée et persévérer.

**22-** Est-ce que j'aime mon prochain comme moi-même. L'homme doit examiner ses rapports avec son prochain.

**23-** Est-ce que je contemple le monde. Il convient de contempler tout ce que Dieu a créé, d'habituel ou d'inaccoutumé, de connu ou d'inconnu.

**24-** Est-ce que je médite sur connaissance de Dieu: « *Et toi, Salomon, mon fils, connais le Dieu de ton père, et sers-le d'un cœur dévoué et d'une âme empressé.*

**25-** Est-ce que j'efface *l'amour de ce monde matériel de son cœur pour y établir à jamais, l'amour du monde à venir.*

**26-** Est-ce que médite sur le fait que si j'étais devant un roi, je montrerai crainte et respect. J'aurai peur de ne pas accomplir la volonté du roi et d'être puni.

**27- Est-ce que je reconnais que je suis responsable du fardeau que j'ai mis sur moi-même, maladie, conditions d'existences perturbées, et possessions touchés, et Est-ce que j'accepte sans murmurer le décret divin ?**

**28- Si je m'en remets à Dieu, et expérience, malgré cela, un bouleversement dans ma vie, vais-je revenir sur ma croyance, sur ma confiance en Dieu ?**

**29- Est-ce que je considère la supériorité de mon âme sur mon corps, ainsi que celle de certains hommes sur d'autres ; un seul parfois valant mille ?**

**30- *Est-ce que j'accepte notre statut d'étranger dans ce monde ou nous sommes en fait des étrangers de passage.* [3]**

L'examen de conscience sert à se souvenir de Dieu. La conséquence de ce souvenir est que l'âme de l'homme sera pure. **Le rapport entre la vie intérieure de l'homme et ses œuvres**

**dépendent de la pureté de son âme.** Plus l'âme est pure et plus ses œuvres sont emplies de succès et de sainteté car le Seigneur aide ce croyant à accomplir ses œuvres.

Nos Sages disent : « Même un jour avant ta mort, retourne à Dieu ! » Et :*"C'est mon lot à moi, ô Eternel, me suis-je dit, d'observer tes paroles. Je t'implore de tout mon cœur, sois-moi propice, selon ta promesse. J'ai médité sur mes voies, et ramené mes pas vers tes statuts. »*[58]

---

[58] Psaume 119 ; 57

**Haya Evelyne Berkowitz** est née à Nice et a grandi à Marseille. Après un long détour aux États-Unis, elle a trouvé ses véritables racines à Jérusalem et a également découvert la spiritualité. Aujourd'hui, elle transmet la sagesse des grands Maîtres d'Israël à travers des récits et des livres de développement personnel.

Elle se consacre à l'écriture, à la peinture, à l'enseignement, et à l'art-thérapie.

**Vente sur amazon.fr et amazon.com [E-book et papier]**

## DEVELOPPEMENT PERSONNEL ET SPIRITUALITÉ

- CE QUI FAIT BRILLER UNE FEMME (La sagesse des femmes de la Bible)

- CE QUE JE NE VOULAIS PAS VIVRE !(Le mal est fait pour grandir)

- APPRENDS A EXISTER! (Comprendre ce que notre âme nous dit)

-L'ÉCLAT MANQUANT DANS LE FIRMAMENT (Biographie du Ramhal, Rabbi Moshe Haïm Luzzatto, Cabaliste Juif).

- L'OBJECTIF FINAL (Version abrégée de L'Eclat manquant dans le firmament.) Mystère sur la disparition de certains écrits du Ramhal, suspense.

- PARCE QUE JE VOULAIS VIVRE (Mémoire d'un rescapé, de quatorze ans, la déportation nazie, en France.)

-JE NE VEUX PLUS DE ROBE BLEUE
Mémoire d'une rescapée, de douze ans, de la déportation nazie, en France. Drame.)

-POURQUOI DIEU A-T-IL CREE L'HOMME ? (La mission de l'homme dans ce monde)

-LA LUMIERE JAILLIE DU TROU  (Vie de Juda fils de Jacob)

- L'EXPLORATION DE SOI EN 60 EXERCICES

- LE GUIDE DE LA GRANDEUR

1. D'abord s'aimer soi-même
2. Acquérir la joie
3. Il est encore temps de diffuser l'amour

## POUR JEUNES ADULTES

-AVANT QU'IL NE SOIT TROP TARD
(Sortie d'Egypte)

- LE CONQUERANT Le chemin vers la gloire
(Vie du roi David).
- LE MESSAGER (Roman historique-Moyen-
Age)

- VOYAGE AU-DELA DU MUR

- ELI RESOUD L'ENIGME DE DIEU  (Qui
est Dieu?)

- LAISSE ENTRER LE SOLEIL DANS TA
VIE (Guide de vie pour les adolescentes)

## A PARTIR DE 8 ANS

- UNE VILLE ETRANGE (série : Le secret des 100 portes)

- LA PROMESSE DE SALOMON (série : Le secret des 100 portes)

- AU CŒUR DE L'HORREUR (série : Le secret des 100 portes)

COMMENT MERITER LA COURONNE ? (Les trois livres ci-dessous en un seul livre)
- COMMENT MERITER LA COURONNE ? Le choix d'Abram (Vie du Patriarche Abraham)
- COMMENT MERITER LA COURONNE ? La grandeur d'Isaac (Vie du Patriarche Isaac)
- COMMENT MERITER LA COURONNE ? La force de Jacob (Vie du Patriarche Jacob)

## A PARTIR DE 6 ANS

- LE COMBAT CONTRE MALIFACE ou LE VIRUS RACONTÉ AUX ENFANTS (conte)

## LIVRES BILINGUES
## -BILINGUAL BOOKS

LIVRES BILINGUES ET HISTOIRES BILINGUES sont des séries destinées aux étudiants d'une deuxième langue et ont un double objectif : la compréhension du texte et l'enrichissement du vocabulaire.

BILINGUAL BOOKS AND BILINGUAL STORIES are series aimed at students of a second language and have a dual purpose: understanding of the text and vocabulary enrichment.

N∘1
Français- anglais avec texte parallèle-Niveau Intermédiaire
French – English with parallel text-Intermediate Level

**3 Histoires Bilingues**
**3 Bilingual Stories**

1 - Qu'en sera-t-il demain ?
What about tomorrow?
2 - L'appel du destin.
The Call of Destiny
3 - Un soudain éclair de lumière.
A Sudden Burst of Light

N∘2
Français- anglais avec texte parallèle-Niveau Intermédiaire
French – English with parallel text-Intermediate Level

**3 Histoires Bilingues**
**3 Bilingual Stories**

1 - Qui sauve une vie…
Whoever saves a Life…
2 - Le meilleur des étés
The Best of Summer
3 - Demain sera peut-être mon dernier jour
Tomorrow might be my last day

N∘3
Français- anglais avec texte parallèle-Niveau Intermédiaire
French – English with parallel text-Intermediate Level

**3 Histoires Bilingues**
**3 Bilingual Stories**

1 - Même le plus noir nuage
Even the darkest Cloud
2 –Un jugement de Salomon
A Judgment of Salomon
3 - Le carnet
The Notebook

N°4
Niveau débutant -Beginner Level

## Seul contre tous
## Alone Against Them All

Nimrod est furieux. Sa figure est rouge comme une cerise mure.
Nemrod is furious. His face is as red as a ripe cherry.
- Tu te moques de moi ! Nous allons servir le feu et je vais te jeter dedans. Nous verrons si ton Dieu est plus fort que le mien !
- You are kidding me! We are going to serve the fire, and I am going to throw you into it. Let's see if your God is stronger than mine!

N°5

# 3 EASY BILINGUAL STORIES

Conversational French Dialogue
with English parallel text

French – English – Advanced Beginner Level